# Achtsamkeit in Beziehungen

Durch Achtsamkeitstraining zu tiefer
Dankbarkeit, großem Glück und innigen
Beziehungen

Hannelore Blumenberg

# ⚐ INHALT

# Einleitung

## WAS IST ACHTSAMKEIT UND WIESO BRAUCHE ICH SIE IN MEINEM LEBEN?

Das Leben ist abenteuerlich, atemberaubend, bezaubernd und faszinierend. Außerdem ist das Leben kostbar und packend. Oft ist es auch spannend und manches Mal sehr überwältigend. Das Leben steckt voller interessanter Dinge, voller Liebe, Freude und Glück sowie voller neuer Ideen. Ab und an ist man von den positiven Eigenschaften des Lebens so beeindruckt, dass sogar ein paar Freudentränen die Wangen herunterkullern...

Das Leben kann aber auch anders, denn es bringt selbstverständlich auch seine Schattenseiten mit sich. Das Leben kann demnach auch sehr anspruchsvoll und dynamisch, ja, sogar manchmal extrem rasant und stürmisch sein. Das Leben ist hin und wieder auch riskant und der Alltag wird von Hektik begleitet.

Heutzutage, im 21. Jahrhundert, ist beinahe alles darauf ausgerichtet, schneller, weiter und besser zu sein. Dazu gehören beispielsweise nicht nur Kraftfahrzeuge und digitale Medien, die permanent weiterentwickelt werden, sondern auch Vorgehensweisen in etlichen Unternehmen, sodass es immer und immer wieder zu neuen Konsolidierungsmaßnahmen kommt und somit Arbeitsplätze gestrichen oder neu strukturiert werden. Das Leben bzw. die Welt, auf der wir leben, befindet sich also in einem ständigen Wandel.

Dies betrifft allerdings nicht nur Güter und Arbeitsweisen, sondern auch Lebensformen unserer heutigen Gesellschaft. Wie oft hast du bereits den Satz gehört, dass das heutige Leben einfach zu hektisch ist? Von Schnelllebigkeit wird dann gesprochen und in Zeitungen, auf Blogs oder auch im Radio wird darüber diskutiert...

**STOP!** Ja, aber...

Du fühlst dich oft überfordert, ausgelaugt, gestresst und findest eigentlich nie so richtig Zeit oder Ruhe für die schönen Dinge des Lebens? Du wirst diese Frage sicherlich mit „JA" beantworten und da kommen wir auch schon zum springenden Punkt. Nicht nur deine Umwelt, sondern du selbst bist die vorantreibende Kraft, wenn es um die eigene persönliche Weiterentwicklung und somit um den ständigen persönlichen Druck geht, der daher kommt, dass du dich im Alltag beinahe überschlägst und einfach keine Zeit zum Durchatmen finden kannst.

**STOP!**

Da dies keine Informationsbroschüre zum hektischen Lebenswandel, sondern ein Ratgeber zum Thema Achtsamkeit ist, spulen wir die letzten 28 Zeilen dieser Einleitung zurück, akzeptieren den Neubeginn und starten noch einmal ganz in Ruhe von vorn. Einverstanden? Dann lass uns losgehen!

Zur Achtsamkeit gehört nämlich auch, Bücher, Zeitschriften oder Ratgeber aufmerksam und konzentriert zu lesen. Alle Texte, die dich interessieren, sollten daher gründlich gelesen und sorgfältig verarbeitet werden, damit Ratschläge, Tipps und Hilfestellungen verinnerlicht und problemlos umgesetzt werden können. Ebenfalls gehört es zur Achtsamkeit dazu, Tatsachen nicht permanent schlecht oder dich selbst kleinzureden. Dein Fokus sollte auf den schönen Dingen des Lebens liegen und dein Augenmerk sollte stets auf die Dinge gerichtet werden, für die du dankbar bist und auf die du stolz sein kannst.

Und da wären wir auch schon beim Thema.

Dein kostbares Leben solltest du achtsam behandeln, deine Zeit sollte mit Bedacht verplant oder verbracht werden, du und deine Mitmenschen sollten respektvoll und offenherzig bzw. menschlich behandelt werden und all das gelingt dir, wenn du dein eigenes Leben aus allen Winkeln achtsam betrachtest.

Damit du dein Leben nämlich genießen und aufmerksam wahrnehmen kannst und du früher oder später aufgrund der Unachtsamkeit nicht unter einer psychosomatischen Erkrankung leiden musst, ist es enorm wichtig, dass du dein Leben wenigstens in den Bereichen entschleunigst, die du selbst in der Hand hast. Lass es hingegen aller heutigen gesellschaftlichen Normen doch einfach einmal etwas langsamer angehen, schalte einen Gang herunter und nehme den Druck heraus, der dir ohnehin bis auf Stress nichts weiter bereiten wird. Aber wie stellst du das an?

Genau das erfährst du auf den folgenden Seiten. Achtsamkeit lautet die Devise, damit du dich und dein kostbares Leben wieder mehr wahrnehmen kannst.

Außerdem hilft dir die achtsame Lebensweise dabei, die eigene Beziehung zu dir selbst sowie die Beziehungen zu anderen Personen zu stärken. Zudem wirst du Erfolge und Glück wieder wahrnehmen und auch genießen können. Wichtig dabei ist, dass du dir diesen Ratgeber wirklich zu Herzen nimmst und die angebotenen Tipps auch umsetzt, denn mit Beginn der Achtsamkeit werden sich Liebe und Selbstliebe, Sicherheit und innerer Frieden in deinem Leben ausbreiten. Das heißt selbstverständlich nicht, dass du zuvor ein unsicherer oder unbeliebter bzw. ungeliebter Mensch gewesen bist. Du wurdest sicherlich geliebt, geschätzt und fühltest dich geborgen – doch nun ist es an der Zeit, dass du bewusst dankbar dafür bist und dieses Glück nicht als selbstverständlich hinnimmst.

Aber was ist Achtsamkeit eigentlich genau? Gehen wir der Sache doch einmal auf den Grund...

Bei Google findest du ungefähr 14.000.000 Ergebnisse in 0,53 Sekunden, wenn du mehr über das kleine Wörtchen „Achtsamkeit" herausfinden möchtest.

Auf Biegen und Brechen könntest du dir in Windeseile etliche Artikel durchlesen, anschließend den Laptop zuklappen oder das Handy beiseitelegen, kurzerhand in dein Auto steigen, schnell einmal eben ein paar Dinge besorgen, unterwegs noch rasch eine gute Freundin anrufen, anschließend fix ein Paket von der Post abholen und im Kopf schon einmal die To-Do-Liste für deinen Wohnungsputz durchgehen.

Du hättest dich in diesem Fall also lediglich über das Thema „Achtsamkeit" informiert, aber nichts davon umgesetzt, geschweige denn gefestigt oder begriffen.

Hast du denn deine Nachbarin an der Kasse neben dir gar nicht bemerkt bzw. gegrüßt? War die dritte Ampel, an der du zügig vorbeigefahren bist, nicht eigentlich schon fast rot – also „dunkelorange"? Hast du das neue Warenangebot im Supermarkt denn gar nicht bemerkt? Dein Lieblingstee ist gerade im Angebot und dein Vorrat in deinem Küchenschrank ging ohnehin schon zur Neige. Wolltest du nicht eigentlich sowieso eine neue Packung besorgen?

Und das Telefonat mit deiner Freundin? Wohin genau fliegt sie nochmal in den Urlaub? War es jetzt Kreta oder Mallorca? Hm. Du hast zwar alles erledigt, aber nichts so wirklich wahrgenommen. Läuft da nicht eindeutig irgendetwas schief? Gehe in dich und lasse dir das achtsame Verhalten nun genauer erläutern.

Die Grundregel zum Umsetzen der Achtsamkeit lautet: Entspannung fängt im Kopf an. Nur so können der Alltagsstress gesenkt und die Welt und vor allem das Leben bewusster wahrgenommen werden.

Wie hätte der soeben beschriebene Ablauf ausgesehen, wenn du das Thema Achtsamkeit bereits intensiv in dein Leben aufgenommen hättest? Sehen wir es uns einmal an: Du recherchierst im Internet auf deinem Sofa oder an deinem Tisch sitzend nach dem Thema Achtsamkeit. Dazu hast du eine bequeme Körperhaltung eingenommen und dir vielleicht eine Tasse Kaffee oder Tee bereitgestellt. Zudem fühlst du dich ausgeglichen und gelassen, da du dir ausreichend Zeit für deine Recherche genommen hast. Das Thema liegt dir am Herzen und deshalb hast du die kommenden zwei Stunden nur für dich verplant. Check.

Du suchst nach interessanten Artikeln und gliederst deine Fragen zum Thema Achtsamkeit auf einem neben dir liegenden Block in verschiedene Kategorien. Nach und nach liest du immer mehr spannende Artikel und Blogs, in denen das Thema Achtsamkeit aufgegriffen wurde. Wichtige Schlagwörter notierst du dir und du lässt diese kurz auf dich wirken. Genüsslich nimmst du ab und zu einen Schluck Tee oder Kaffee zu dir und du befindest dich voll und ganz im Hier und Jetzt.

17:00 Uhr. Die zwei Stunden sind um. Du bist froh, dass du innerhalb dieser Zeit etliche ansprechende Informationen zusammengetragen hast und du bist weiterhin hoch motiviert, beim nächsten Mal weitere Ratschläge und Informationen ausfindig zu machen.

Nun besorgst du noch ein paar Kleinigkeiten. Da es ziemlich kalt ist, bist du froh, dass du nicht zu Fuß gehen musst, sondern dass du einfach in dein Auto steigen kannst, um ein paar Kleinigkeiten zu besorgen.

Du steigst dankbar in dein Auto und in einer angenehmen Lautstärke erklingen aus deinem Autoradio die Nachrichten über das aktuelle Weltgeschehen. Dem Radiosprecher hörst du aufmerksam zu und während der restlichen Autofahrt denkst du über die soeben angesprochenen Themen nach.

Im Supermarkt angekommen, triffst du auf deine Nachbarin, mit der du an der Kasse ein paar nette Sätze wechselst, bevor du dich wieder in dein Auto setzt, um entspannt zurück nach Hause zu fahren. Den Straßenverkehr nimmst du dabei selbstverständlich aufmerksam wahr.

Zu Hause angekommen, rufst du eine gute Freundin an, da diese in wenigen Tagen in den Urlaub fliegt. Natürlich hast du dies „auf dem Schirm", weshalb du dich von ihr verabschieden und ihr einen angenehmen Urlaub auf Mallorca wünschen möchtest. Die Abholung deines Pakets verlegst du entspannt auf den morgigen Tag. Immerhin hast du heute schon eine Menge geleistet und den Inhalt des Pakets benötigst du ohnehin erst in der kommenden Woche.

Im Duden wird die Achtsamkeit beschrieben mit den Worten *das Achtsam sein, achtsames Wesen und Verhalten*. Die Synonyme für Achtsamkeit lauten beispielsweise Aufmerksamkeit, Augenmerk, Genauigkeit, Gründlichkeit, Interesse, Konzentration, Sorgfalt, Umsicht, Vorsicht und Wachsamkeit. Synonyme sind sprachliche Ausdrücke, die den gleichen oder einen sehr ähnlichen Bedeutungsumfang haben. Jetzt kommen wir der Sache also schon einen großen Schritt näher!

Achtsam zu sein bedeutet also **aufmerksam zu sein** – in Bezug auf dich selbst sowie in Bezug auf deine Umwelt mit all ihren Facetten. Achtsamkeit bedeutet, gezielt innezuhalten, seinen Körper und seine Bedürfnisse bewusst wahrzunehmen und umsichtig, d.h. stets wachsam und mit Bedacht, zu handeln.

Doch wieso ist Achtsamkeit für ein gesundes und ausgeglichenes Leben so wichtig? Sehen wir uns zuerst deinen Verwandten- und Bekanntenkreis an.

Menschen sind normalerweise keine Einzelgänger und allein aus diesem Grund ist ein soziales Umfeld extrem wichtig für die Entwicklung sowie für das Wohlbefinden eines jeden Menschen.

Ohne länger darüber nachdenken zu müssen, stimmst du relativ schnell zu, dass du deine kostbare Lebenszeit viel lieber mit Menschen verbringst, die ausgeglichen, zufrieden und besonnen sind. Menschen, die eine positive Ausstrahlung besitzen und eine gewisse Ruhe ausstrahlen, geben dies meist an ihre Mitmenschen weiter. Tiefgründige Gespräche, in denen ein Mensch bemerkt, dass sich Zeit für ihn genommen wird, können so manche enge Freundschaft entstehen lassen, auf die wir uns unser Leben lang stützen können. Wie wichtig ist dir ein offenes Ohr, Respekt, Wertschätzung, Ruhe, Zufriedenheit und Gesundheit? Sind dies nicht die Dinge, die unser Leben erst lebenswert machen?

Stressen, hetzen, nörgeln und drängeln kann jeder. Eine solche Lebensweise aber kann nur ungesund für unseren Körper und unser Umfeld sein. Sicherlich wirst du augenblicklich ein Gespür dafür bekommen, warum Achtsamkeit für ein gesundes und ausgeglichenes Leben so wichtig ist.

Wie schön und vor allem gesund ist es, einen Menschen an seiner Seite zu haben, der einem aufmerksam zuhört, der sich Zeit für einen nimmt und der wirklich an einem interessiert ist? Gibt es einen solchen Menschen in deinem Leben, wovon ich ausgehe, so kannst du dich glücklich schätzen und ebenso wichtig ist es, genau dies an andere Menschen weiterzugeben und dir darüber bewusst zu sein, wie wertvoll dies ist.

Um sicher durch dein Leben gehen zu können, ist es ebenfalls wichtig, dass du dir selbst vertraust. Kein Mensch dieser Welt kann so gut auf dich achten, wie du selbst auf dich achten kannst. Kein Mensch lebt dein Leben und kann beurteilen, wie du dich fühlst, ob dir kalt oder warm ist, ob du hungrig oder durstig bist, wie schwer deine Kopfschmerzen wirklich sind oder wie lieb du einen bestimmten Menschen gewonnen hast – all das kannst nur du selbst fühlen bzw. wahrnehmen. Genau aus diesem Grund ist es genauso wichtig, dass du in allererster Linie auf dich selbst achtest. Sei also so etwas wie dein bester Freund und vertraue dir – nehme deine Gefühle wahr und spüre sie, achte auf deine alltäglichen Gedanken, handle stets mit

Bedacht und erkenne deine Bedürfnisse. Unterdrückte Gefühle, unbeachtete Bedürfnisse und abwertende bzw. negative Gedanken sind oft der Auslöser für psychosomatische Erkrankungen, die verschiedene Symptome wie Herzrasen, Magenschmerzen, Panikattacken, Schlafstörungen, Essstörungen oder Depressionen aussenden, damit der Betroffene anfängt, über sich und sein bisheriges Leben nachzudenken. Der Körper sendet Symptome aus? Richtig – dies kann passieren, wenn du nicht genug auf dich achtest und deine Gefühle und Bedürfnisse immer und immer wieder unterdrückst, weil du dich einfach nicht ernst genug nimmst.

Im Grunde genommen ist es auch nicht der Körper, der für die Symptome zuständig ist, sondern die menschliche Seele, die nach Hilfe ruft und den Körper aus diesem Grund als Sprachrohr nutzt. Eine bekannte Reaktion auf andauernden Stress und Überlastung ist die Erkrankung Burnout, von der du mit Sicherheit schon oft gehört hast. Wichtig: Achte auf dich und passe auf dich auf – bevor es zu spät ist. Achtsamkeit hilft dir, bei dir zu sein. Achtsamkeit erzeugt eine gesunde Beziehung zu dir selbst und zu anderen Personen. Lerne dich durch die Achtsamkeit besser kennen, damit du dich und dein Verhalten besser deuten und somit auch verstehen kannst.

Durch die aufmerksame Wahrnehmung dir selbst gegenüber wirst du zudem gelassener und entspannter. Lebe jederzeit bewusst im Hier und Jetzt.

# Kapitel 1

## ACHTSAMKEIT IN BEZUG AUF DICH

Kennst du den Roman „Momo" des deutschen Schriftstellers Michael Ende? Es handelt sich hierbei um einen im Jahr 1973 erschienenen Roman. Der Titel bezeichnet die Hauptperson „Momo" und der Untertitel lautet: Die seltsame Geschichte von den Zeit-Dieben und von dem Kind, das den Menschen die gestohlene Zeit zurückbrachte. Dieser Roman ist mit weltweit über sieben Millionen verkauften Exemplaren nach dem Roman „Die unendliche Geschichte" das erfolgreichste Werk Endes.

Mit diesem Roman schuf Michael Ende ein Werk, welches viele Menschen tief in ihrem Inneren sehr berührt und auch heute noch immer aktuell ist, obwohl es bereits vor mehr als vier Jahrzehnten geschrieben wurde. Sowohl Kinder als auch Erwachsene finden in dieser Erzählung wichtige Aspekte, die ihnen bei der Bewältigung ihres täglichen Lebens helfen können. Doch worum geht es in diesem Roman eigentlich?

Der Roman handelt von einem kleinen Mädchen namens Momo, welches eines Tages in eine große Stadt kommt. Momo wird von den Stadtbewohnern herzlich aufgenommen und sie darf fortan in einem Amphitheater wohnen. Die Bewohner kümmern sich um sie und helfen Momo dabei, sich dort eine kleine Wohnung einzurichten. Nach einer Weile zeigt sich, dass das kleine Mädchen einen sehr positiven und beruhigenden Einfluss auf die Menschen der Stadt ausübt. Ihre größte Gabe ist es, den Menschen zuzuhören. In ihrer Nähe können sie Probleme lösen und ihre Kreativität wird geweckt.

Doch nach einiger Zeit bemerkt Momo, dass die Menschen immer weniger Zeit haben. Diese wird ihnen von den „grauen Herren" gestohlen, die sich immer mehr im täglichen Leben festsetzen und überall auftauchen. Sie veranlassen die Menschen dazu, ihre Zeit auf einem Zeitkonto zu sparen. Doch es stellt sich heraus, dass sie damit lügen, denn die gestohlene Zeit ist für die Menschen für immer verloren...

Dem Leser wird in diesem Roman das wichtigste Gut eines Menschen vor Augen geführt: **Die Zeit!** Zeit, die wir uns nehmen, ist Zeit, die uns etwas gibt.

Wie sieht es bei dir mit deiner bisherigen Lebenszeit aus? Nimmst du dir ausreichend Zeit für dich selbst?

Schätzt du dich selbst? Kennst du deine Wünsche und Bedürfnisse? Bist du mit dir selbst geduldig?

Sei nun ehrlich zu dir und beantworte die folgenden fünf Fragen, um dem Thema „Achtsamkeit in Bezug auf mich selbst" ein Stückchen näher zu kommen. Die Bewertung der vorgegebenen Antworten findest du hier:

*fast nie (1 Punkt), eher selten (2 Punkte), relativ oft (3 Punkte), fast immer (4 Punkte)*

*Ich kann mich selbst wertschätzen.*

☐ fast nie ☐ eher selten ☐ relativ oft ☐ fast immer

*Ich nehme wahr, wie sich meine Gefühle im Körper ausdrücken.*

☐ fast nie ☐ eher selten ☐ relativ oft ☐ fast immer

*Ich akzeptiere mich so, wie ich bin.*

☐ fast nie ☐ eher selten ☐ relativ oft ☐ fast immer

*Ich bin geduldig mit mir und meinen Mitmenschen.*

☐ fast nie ☐ eher selten ☐ relativ oft ☐ fast immer

*In schwierigen Situationen kann ich innehalten.*

☐ fast nie ☐ eher selten ☐ relativ oft ☐ fast immer

## Auflösung

**bis zu 5 Punkte:**

Bisher hast du zwar schon einmal etwas von Achtsamkeit gehört, sie aber leider in keiner Weise gelebt, was wirklich sehr schade ist und gesundheitlich auch sehr schädlich sein kann. Lasse Achtsamkeit in deinem Leben nicht weiterhin nur ein Wort sein, sondern führe die Achtsamkeit in deine weitere Lebensweise ein. Lasse sie ein Teil von dir werden, damit du ausgeglichener durch dein Leben schreiten kannst. Unzufriedenheit, Stress und das erhöhte Risiko für gesundheitliche Beeinträchtigungen werden durch Zufriedenheit, Ausgeglichenheit, Glück, Akzeptanz, Bewusstsein und Freude ersetzt. Na, klingt das nicht himmlisch im Gegensatz zu deiner aktuellen Lebensweise?

**5 bis 10 Punkte:**

Ab und zu versuchst du doch, ganz gleich ob bewusst oder unbewusst, ein wenig Achtsamkeit in dein Leben zu integrieren. Dennoch tust du dies wahrscheinlich viel zu selten, um sagen zu können, dass dich die Achtsamkeit und die daraus resultierende Ausgeglichenheit durch dein Leben begleiten.

Sorge dafür, dass du Momente bewusst wahrnimmst und dass du diese genießt. Achte mehr auf dich und dein Befinden in verschiedenen Situationen. Erlaube dir, du sein zu können, und stehe dir und deinen Mitmenschen mehr Geduld zu. Erst dann würden deine Kreuzchen bei einer Wiederholung des obenstehenden Tests ein oder sogar zwei Felder nach rechts rücken, was sich definitiv positiv auf deine Lebensweise und deine Gesundheit auswirken wird. Traue dich, verändere etwas – wo ein Wille ist, ist auch ein Weg. Lasse die Routine los und gebe dem achtsamen Lebensstil in Zukunft eine Chance.

10 bis 15 Punkte:
Gratulation! Du befindest dich auf einem guten Weg. Relativ oft sorgst du dafür, innezuhalten, geduldig mit dir und deinen Mitmenschen zu sein und dich und deine Gefühle wahr bzw. ernst zu nehmen. Noch ausgeglichener und gelassener wirst du sein, wenn du noch gezielter auf dich und deine Wünsche und Bedürfnisse achtest. Je mehr Achtsamkeit du in dein Leben integrierst, desto mehr Entspannung kann sich ausbreiten, die dich zufriedener

macht und dich gesünder leben lässt. Im Großen und Ganzen bist du nicht mehr weit von einer tollen Umsetzung, die achtsame Lebensweise auch wirklich zu führen, entfernt. Weiter so!

15 bis 20 Punkte:
Herzlichen Glückwunsch! Du beziehst die achtsame Lebensweise doch schon grandios in dein Leben ein. An dieser Stelle kannst du besonders stolz auf dich sein. Du befindest dich auf einem guten Weg, den du nicht aus den Augen verlieren solltest, auch wenn es einmal holpriger werden sollte. Mache definitiv weiter so und gehe auch weiterhin achtsam mit dir und deinem kostbaren Leben, mit deinem Umfeld, deinen Mitmenschen und vor allem mit deiner Lebenszeit um. Da du dich mittlerweile im fortgeschrittenen Modus befindest, kannst du ggf. auch andere Menschen für einen achtsamen Lebensstil begeistern. Vielleicht findest du großen Gefallen daran, andere Menschen über deinen Erfolg zu informieren und eine Art Vorbildfunktion für deine Mitmenschen zu sein. Lebe weiter den Moment und viel Freude dabei!

# WIE NEHME ICH MICH SELBST UND MEINE WÜNSCHE UND BEDÜRFNISSE WAHR?

Solltest du eine höhere Punktzahl als 10 Punkte erreicht haben, so kannst du stolz auf dich und deine bisherige Lebensweise sein. Schön, dass du im Großen und Ganzen recht zufrieden scheinst.

Solltest du bei der vorherigen Befragung max. 5 Punkte bis 10 Punkte erreicht haben, so ist es notwendig, dass du dich und deine Wünsche und Bedürfnisse besser wahrnimmst, um ein gesundes uns vor allem selbstbestimmtes Leben führen zu können.

Es mag sein, dass du ein sehr hilfsbereiter und freundlicher Mensch bist, der gern für andere Menschen da ist, aber du vielleicht öfter zurücksteckst, wenn es um deine eigenen Belange geht.

Sicherlich bist du auch stets für andere Menschen da, wenn diese deine Hilfe benötigen. Das kleine Wörtchen „NEIN" bringst du vielleicht nur sehr schwer über deine Lippen. Falls dies der Fall sein sollte, so schadet es dir mit Sicherheit auch nicht, dich intensiver mit dem Thema „Helfersyndrom" auseinanderzusetzen. Hilfsbereitschaft und

Empathie sind auf jeden Fall wichtige Charaktereigenschaften eines Menschen, allerdings sollten diese nicht in einer Art Aufopferung enden. Meist öffnet es einem Menschen die Augen, wenn man sich auch nur vorsichtig an ein bestimmtes Thema herantastet und somit begreift, dass die bisherige Vorgehensweise nicht unbedingt die einzig Richtige war.

Hilfsbereitschaft ist eine Tugend. Menschen mit Helfersyndrom sehen allerdings leider oft nur dann wirklich einen Sinn in ihrem Leben, wenn sie anderen Menschen helfen können. Auch ohne die Aufopferung für andere Menschen bist du ein wertvoller und liebenswürdiger Mensch, der es immer verdient, geachtet und gut behandelt zu werden.

Damit du auch weiterhin Menschen unterstützen kannst, ist es wichtig, deine eigenen Bedürfnisse und Wünsche zu kennen und diese zu schützen, damit dein Gleichgewicht im Leben stabil bleibt.

Sei dir bewusst darüber, dass auch du ein Mensch bist, der eine gewisse Portion Liebe, Zuneigung, Geduld, Vertrauen und Achtsamkeit nötig hat, um ausgeglichen und gesund leben zu können. Sorge für einen liebevollen Umgang mit dir selbst, setze Grenzen und erkenne deine Bedürfnisse und schenke dir Zeit, damit du nicht weiter unter permanentem Druck, unter Selbstzweifeln und unter deiner Aufopferung für andere Menschen leiden musst. Lege dein Augenmerk auf die wichtigen Dinge des Lebens - auf dich – und dann erst auf deine Umwelt.

Das klingt für dich nach Egoismus? Eine gewisse Portion Egoismus ist immer gesund und sicherlich wirst du ein gutes Mittelmaß finden. Freue dich auf dein neues ICH – es wird dir gefallen und die kommenden Seiten werden dir vermitteln, wie du deinem neuen ICH Stück für Stück näherkommst.

## KENNE ICH MEINE WÜNSCHE UND ZIELE?

Damit du zufrieden sein und deine Erwartungen an dich selbst erfüllen kannst, sind verschiedene Dinge vonnöten. Gleich erfährst du über diese Dinge mehr, versprochen.

Doch erst einmal geht es um das Thema „Erwartungen". Erwartungen sind menschlich und im Grunde genommen auch überhaupt nichts Schlimmes. Schlimm bzw. schmerzhaft oder enttäuschend wird es erst, wenn die eigenen Erwartungen nicht erfüllt werden. Machen wir es an zwei Beispielen fest.

<u>Situation 1 (Die eigene Erwartungshaltung)</u>
*06:00 Uhr*
Dein Wecker klingelt – aufstehen!
*07:00 Uhr*
Du kommst an deinem Arbeitsplatz an.
*12:30 Uhr bis 13:00 Uhr*
Deine Mittagspause hast du einmal wieder nicht wirklich als Pause genutzt.
*16:30 Uhr*
Feierabend und – ab sofort Freizeit!

Freizeit?! Von wegen... Einkaufen, Wäsche aufhängen, Fenster putzen, ein paar wichtige Telefonate führen, eine Geburtstagskarte schreiben, bügeln und gegen Abend wenigstens noch einmal für eine Stunde ins Fitnessstudio um die Ecke. So sieht deine „Freizeit" für den heutigen Tag aus. Letzte Woche bist du schon nicht im Studio gewesen. Heute muss es klappen und das wird es auch! Basta! Es handelt sich bei dem restlichen Tagesablauf ja immerhin um deine FREIZEIT, die du nach Belieben gestalten kannst. Um 20:30 Uhr stellst du allerdings fest, dass du zwar nun alle Dinge auf deiner To-Do-Liste erledigt hast, aber jetzt einfach zu kaputt bist, um noch ins Fitnessstudio zu gehen...

Das gibt es doch nicht! Schon wieder warst du einfach nicht schnell oder belastbar genug. Ständig nimmst du dir etwas vor und schaffst es ja doch nicht. Du bist nun mehr als geknickt und ärgerst dich zutiefst über dich selbst. Beinahe verfluchst du dich und der nette Film, den du dir stattdessen im Fernsehen ansehen kannst, tröstet dich auch nicht wirklich. Was passiert in solchen Situationen mit dir?

### Situation 2 (Deine zu hohen Erwartungen an andere Menschen)

Du telefonierst mit einer guten Freundin, die du bereits mehrere Jahre kennst, und eigentlich hast du ihr bisher auch in jeder Lebenslage zur Seite gestanden.

Du berichtest ihr, dass du liebend gern umziehen würdest, da du dir sehnlichst eine etwas größere Wohnung wünschst. Zeitgleich teilst du ihr aber auch mit, dass es momentan wohl gar nicht so einfach ist, eine geeignete Wohnung zu finden. Aus beruflichen Gründen bist du aktuell außerdem zeitlich sehr eingespannt, sodass es dir nicht möglich ist, regelmäßig die Wohnungsinserate zu prüfen.

Du hoffst, dass deine Freundin nun auch für dich da ist und dir bei der Wohnungssuche behilflich sein wird – schließlich hast du sie bislang auch immer tatkräftig unterstützt, wenn es um ihre Belange ging.

Was geschieht stattdessen? Deine Freundin hat zwar mit Bedauern zur Kenntnis genommen, dass du gerade ein wenig verzweifelt bist, aber Unterstützung erhältst du von ihr keine. Es folgen keine Nachrichten mit Wohnungsanzeigen von ihr. Der Wink mit dem Zaunpfahl ist einfach nicht angekommen.

Wie fühlst du dich damit? In beiden Situationen bist du unzufrieden. Gefühle wie Wut, Traurigkeit, Verzweiflung und Enttäuschung machen sich in dir breit. Diese Gefühle entstehen, weil deine Erwartungen an dich sowie an andere Menschen nicht erfüllt wurden. Daher ist es wichtig, seine Erwartungen lieber klein anzusetzen, damit die Enttäuschung hinterher nicht allzu sehr schmerzt, denn oft erwarten wir mehr von anderen Menschen, weil wir bereit wären, genau so viel für sie zu geben, oder wir verlangen von uns selbst einfach zu viel.

In dem Beispiel der ersten Situation machst du dir selbst den Druck, dem du offenbar nicht standhalten konntest, indem du dir zu viel auf einmal vornimmst, evtl. falsche Prioritäten setzt und deine Bedürfnisse, die dich persönlich betreffen, nach hinten stellst. Dein Tag hat nun einmal auch nur 24 Stunden.

In der zweiten Situation bist du ziemlich sauer auf deine vermeintliche Freundin, der du scheinbar gar nicht so wichtig sein kannst. Hättest du vielleicht ihre Unterstützung erhalten, wenn du sie direkt darauf angesprochen hättest? Bekommst du vielleicht sogar ein schlechtes Gewissen, weil du denkst, dass ihr oberflächliches Verhalten etwas mit deinem vorherigen Verhalten ihr gegenüber zu tun hat?

Was machen diese Gedanken mit deinem Selbstwertgefühl? Und womit hängt es zusammen, dass du bestimmte Dinge erwartest und hinterher enttäuscht bist, wenn diese nicht erfüllt werden?

Eines ist klar. Hätten wir keine Erwartungen an uns oder an andere Menschen, gäbe es solche „Bedenken" erst gar nicht.

In Zukunft solltest du dankbar sein für das, was du hast. Freue dich darüber, dass du eine Freundin hast, der du von deiner Wohnungssuche erzählen kannst. Halte dir stets vor Augen, dass kein Mensch dieser Welt einem anderen Menschen gleicht. Akzeptiere die Realität und sei stolz auf dich und denke immer daran, was du schon geschafft hast, anstatt dich kleinzureden oder dich ständig unter Druck zu setzen.

Fühle in dich hinein. Werde dir deiner Wünsche und deiner Bedürfnisse bewusst. Passe dich nicht allzu sehr an andere Menschen und ihre Lebensweisen an. Sorge für dich wie für eine beste Freundin. Du selbst steuerst dein Leben und je wichtiger dir deine eigenen Wünsche und Bedürfnisse sind, desto besser, schneller und leichter kannst du diese erreichen. Fange klein an, damit du deine Erfolge zeitiger feiern kannst.

Wie wäre es mit einer eigenen Wunschliste? Diese kannst du ganz individuell gestalten. Vielleicht möchtest du in Zukunft täglich eine halbe

Stunde in einem Buch lesen oder mindestens einmal wöchentlich einen Kaffee außer Haus trinken.
Vielleicht willst du aber auch einmal jährlich in ein
weit entferntes Land reisen oder dir ist es einfach
nur enorm wichtig, dass du nach Feierabend einige
Minuten abschalten kannst und zu Hause angekommen nicht gleich in einen Redefluss verwickelt
wirst? Was es auch sein mag – lerne deine Wünsche
und Bedürfnisse kennen und gehe behutsam mit
ihnen um – schenke ihnen die Aufmerksamkeit, die
sie benötigen, damit du zufrieden und ausgeglichen
auf diesem Planeten leben kannst. Sofern du deine
eigenen Bedürfnisse kennst, ist es wichtig, dass du
zu ihnen stehst und diese auch umsetzt, damit du
zufrieden sein kannst.

Am Anfang dieses Kapitels war von den verschiedenen Dingen, die du für ein zufriedenes und
achtsames Leben benötigst, die Rede.

Hierbei handelt es sich nicht um materielle
Dinge, wie beispielsweise eine gemütliche Yoga-
matte oder ein Paar schicke Turnschuhe. Auch mu-
sikalische Begleitung ist nicht notwendig, um voll
und ganz bei dir bzw. im Hier und Jetzt zu sein.

Leicht kannst du diese Dinge in vier Kategorien einteilen: Gefühle, Gedanken, Bedürfnisse und Taten. Lasse Situationen auf dich wirken, hinterfrage dein Handeln, spüre, wie es dir in allen Lebenslagen ergeht und versuche, dabei stets einen klaren Gedanken zu fassen – nehme dir ausreichend Zeit für dich und handle mit Bedacht. Lasse diese vier Kategorien nicht aus den Augen – damit du dich immer im Hier und Jetzt befindest.

## NEHME ICH MIR ZEIT FÜR MICH?

Eine Stunde besteht aus 60 Minuten, ein Tag hat 24 Stunden, eine Woche machen sieben Tage aus und ein Jahr beinhaltet 12 Monate. Da kannst du noch so viel zu tun haben – immer wieder wirst du feststellen, dass die Stunde, der Tag und das Leben an sich viel zu kurz sind. Es lässt sich einfach nicht daran rütteln. Wir alle müssen dies akzeptieren – und lasse dir gesagt sein: Auch wenn ein Tag die doppelte Anzahl an Stunden hätte, fertig mit allem wärst du am Ende des Tages auch nicht. Warum dann nicht einfach einmal die eigene Uhr anhalten und in den Tag hineinleben. Ein regnerischer Sonntag bietet sich dafür doch gut an, meinst du nicht? Auch das Absagen von Terminen kann hin und wieder ganz wohltuend sein. Wie fühlt es sich an, wenn du dir ab und zu einfach ein paar Stunden zur Entspannung freischaufelst? Versuche es und sage bei Bedarf den einen oder anderen Termin doch einfach einmal ab und nutze die gewonnene Zeit nur für dich und deine Bedürfnisse.

Setze deine Zeit klug ein. Klug einsetzen bedeutet nicht, möglichst viel an einem Tag zu schaffen oder immer und überall durch das Leben zu rauschen. Klug einsetzen bedeutet, seine Lebenszeit achtsam zu nutzen, das heißt, sorgfältig und gründlich mit seiner Zeit umzugehen.

Zu viele Menschen hetzen im Alltag ständig (völlig unter Strom stehend) von einer Sache zur nächsten – und dabei sind sie leider nie ganz bei einer dieser Sachen. Sie leben ziemlich oberflächig und verpassen dadurch den eigentlichen Moment. Es ist wichtig, dem einzelnen Moment mehr Aufmerksamkeit zu schenken, damit du dem Alltagsstress und der ständigen Selbstoptimierung geschickt aus dem Weg gehen kannst. Selbstverständlich ist es nicht einfach, sich stets Zeit für sich selbst zu nehmen, indem du in Ruhe durch den Wald spazierst oder gelassen schöner Musik lauschst. Vielleicht bist du in Vollzeit berufstätig. Vielleicht bist du verheiratet oder du lebst in einer Partnerschaft. Womöglich hast du Kinder oder du jobbst nebenbei, um den Lebensunterhalt finanzieren zu können. Vielleicht hast du zudem Haustiere, um die du dich nebenbei zusätzlich kümmerst... Wie dein Tag auch aussehen mag – zu alldem kommen weitere Familienangehörige, Freunde, Bekannte, die Haushaltsführung und andere Verpflichtungen hinzu, die dich zusätzlich fordern.

Im Jahr 2016 veröffentlichte der deutsche Popsänger Tim Bendzko den Song „Keine Maschine". In dem Songtext zu finden sind Passagen wie, „Ich brauche die Kontrolle zurück, kann nicht mehr nur funktionieren", oder, „Ich bin ein Mensch mit all meinen Fehlern, meiner Wut und der Euphorie". Kein Mensch dieser Welt kann ständig, d. h. ohne Ruhepausen, in denen er den inneren Autopiloten abschaltet, in Fahrt oder zur Stelle sein, ohne dass dieser dadurch nicht irgendwann ernsthaft darunter leidet. Jeder gesunde Mensch kann seinen Tagesablauf glücklicherweise selbst gestalten. Erlaube dir mehr Verschnaufpausen und lege deinen Optimierungswahn einfach einmal beiseite. Apropos Verschnaufpausen: Die Siesta ist der traditionelle spanische Mittagsschlaf. Die Siesta kann durchaus rund zwei Stunden andauern.

Unsere spanischen Freunde leben also gelassener, weil sie sich täglich eine Auszeit nehmen? Probiere es selbst aus. Führe auch du eine Art Siesta ein, um deinen Geist und deinen Körper wieder zu neuen Kräften kommen zu lassen. Es muss sich ja nicht gleich um Stunden handeln, aber einige Minuten für dich müssten doch allemal drin sein. Die Praxis der Achtsamkeit kommt übrigens aus dem Buddhismus, aber keine Bange – auch ohne religiösen Hintergrund wirst du durch die Achtsamkeit eine spürbare Veränderung an dir selbst und in deinem Leben an sich wahrnehmen.

Genieße die Momente, die du mit deiner Familie oder deinen Freunden und Bekannten verbringst. Lasse dich auf die Momente ein und spüre, dass diese Stunden dir guttun. Schalte den inneren Autopiloten während der gemeinsamen Zeit ab. Du wirst mehr Gelassenheit gewinnen. Tanke so wertvolle Lebensenergie, von der du im stressigen Alltag so viel von selbst verbrauchst, ohne dass du dich dafür anstrengen musst. Zeit schenken muss nicht immer heißen, dass du dich nach Feierabend stundenlang auf dein Sofa legst, um abzuschalten, und deine Familienangehörigen dich solange nicht zu Gesicht bekommen.

Dir selbst Zeit schenken kann auch bedeuten, dass du genüsslich eine Tasse Kaffee oder Tee trinkst. Lasse es zur Gewohnheit werden, dass du das Getränk achtsam genießt, indem du es in Ruhe zu dir nimmst, bevor du die nächste Aktivität startest. Achtsamkeit bedeutet nämlich auch, dass wir das, was in uns und außerhalb von uns passiert, möglichst oft bewusst wahrnehmen – also voll im Moment zu sein.

# Kapitel 2

## ACHTSAMKEIT IN BEZUG AUF ANDERE

Im Laufe eines ganz gewöhnlichen Tages triffst du auf zig verschiedene Menschen. Mit einigen von ihnen hast du während des Tages engen oder zumindest engeren Kontakt, mit anderen wiederum wechselst du vielleicht, weil dies nicht von Nöten ist, kein Wort. Einigen von ihnen nickst du lediglich zu und andere wiederum beraten dich beispielsweise bei einem Kauf eines Gegenstandes oder sie werden von dir beraten bzw. aus beruflichen Gründen kontaktiert.

Morgens triffst du in der Regel in erster Linie erst einmal auf deine Familienangehörigen oder auf deine Nachbarn, sofern diese zur gleichen Zeit das

Haus verlassen wie du. Auf dem Weg zur Arbeit laufen dir eine Menge anderer Menschen über den Weg. Der Briefträger, der Bahnfahrer, die Bäckerin, bei der du kurz ein belegtes Brötchen kaufst, eine Menge Schulkinder auf dem Weg zum Unterricht, andere Berufstätige und Mütter sowie Väter, die ihre Kinder in den Kindergarten bringen.

Am Arbeitsplatz angekommen, stößt du auf deine Kolleginnen und Kollegen sowie auf deine Vorgesetzten, Kunden, Patienten oder Klienten.

Zum Feierabend triffst du dir bekannte und dir unbekannte Personen im Supermarkt, am Bankschalter oder bei der Tankstelle, bis du, zu Hause angekommen, wieder in Kontakt mit deiner Familie trittst.

Andere Menschen verdienen, sofern sie dir in irgendeiner Form wichtig sind, deine volle Aufmerksamkeit. Wenn du ein Gespräch mit einem dieser Menschen führst, dann solltest du dich voll und ganz darauf konzentrieren. Auch du möchtest schließlich, dass die Menschen dir aufmerksam zuhören und dass du bemerkst, dass diese völlig bei dir sind, wenn sie sich schon die Zeit für dich nehmen. Auch in diesem Fall geht es wieder um das

Ankommen und Verbleiben im Hier und Jetzt. Vor allem Frauen sagt man nach, sie seien multitaskingfähig. Im Hintergrund läuft der Fernseher, am Telefon bittet die jüngere Schwester um Rat und am Laptop wartet eine dringende Mail auf Beantwortung. Wichtig ist hier, nicht den Überblick zu verlieren und sich nicht innerlich enorm unter Druck zu setzen. Weder der laufende Fernseher benötigt deine Aufmerksamkeit noch wird sich die E-Mail von selbst beantworten. Setze daher Prioritäten. In der Ruhe liegt die Kraft.

Zur Achtsamkeit gehört übrigens auch, zu erkennen, was und wer dir guttut. Sortiere daher die Dinge aus, die dich herunterziehen und dauerhaft stressen. Manches Mal gehören bei genauerem Hinsehen auch Menschen dazu, die uns nicht wirklich guttun. Hier sollten ebenfalls Grenzen gesetzt werden. Oft genügt es schon, ein offenes Gespräch zu führen, um über seine Grenzen klar zu kommunizieren. Überlege dir sorgfältig, welcher Kontakt zu einem Menschen eine Veränderung nötig hätte, damit du ausgeglichener leben kannst, und höre dabei vor allem auf dein Herz. Verschweige deine Gedanken nicht länger, sondern rede dir deine Gedanken in Bezug auf diese Beziehung einfach von der Seele. Ein guter Gesprächspartner wird erkennen, worum es dir im Prinzip geht – nämlich lediglich um einen wertschätzenden Umgang miteinander. Welche Menschen aus deiner Umgebung liegen dir wirklich sehr am Herzen und du könntest nur mit Schmerzen in der Brust auf sie verzichten? Deine ehemalige Schulfreundin beispielsweise, die sich lediglich bei dir meldet, wenn sie Kummer hat, und nie auf deine Belange eingeht – muss sie wirklich weiterhin ein bedeutender Teil deines Lebens sein?

Beziehungen sind immer ein Geben und ein Nehmen. Prüfe sorgfältig, wo du gern gibst und wo du auch etwas davon zurückbekommst.

Selbstverständlich kannst du nicht alle Menschen, die dir in irgendeiner Art und Weise nicht nur positive Dinge mitteilen, aus deinem Leben „ausradieren". Dies ist auch keinesfalls die Absicht dieses Absatzes. Gerade im Berufs- oder Vereinsleben müssen wir auch mit Menschen auskommen, mit denen wir privat wahrscheinlich nicht unbedingt eine Verabredung treffen würden, da sie uns nach näherem Kennenlernen einfach nicht sympathisch genug sind. Hier ist es wichtig, professionell zu agieren und die Dienstebene einzuhalten. Es wird dir gelingen, wenn du wirklich willst. Der wahre Charakter eines Menschen lässt sich daran erkennen, wie er mit Menschen umgeht, die er nicht wirklich braucht. Denke daher immer nach folgendem Schema, wenn es um den sozialen Kontakt mit anderen Menschen geht: „Wie würde ich mich dabei fühlen?". Mit dieser Sichtweise wirst du gut zurechtkommen und somit Rücksicht auf dein Umfeld nehmen.

## WIE NEHME ICH ANDERE PERSONEN WAHR?

Im Laufe deines Lebens wirst du immer Menschen begegnen, die dir sehr sympathisch sind. Dir werden Hilfsbereitschaft, Herzlichkeit, Gastfreundschaft und Verständnis entgegengebracht, um hier nur einige liebevolle Gesten zu nennen.

Du wirst von fremden Menschen offen empfangen und aufgenommen. Du führst im Laufe deines Lebens etliche interessante Gespräche, du erhältst gut gemeinte Ratschläge und Umarmungen, wenn dir danach ist. Du verdienst Respekt und gibst diesen ebenso an andere Menschen weiter. Du triffst

Menschen, die humorvoll sind und dich zum Lachen bringen. Du begegnest Menschen, die dich beeindrucken, und Menschen, von denen du eine Menge lernen kannst.

Ebenso wirst du auch immer wieder Menschen begegnen, die dir nicht auf Anhieb sympathisch sind. Einige von ihnen findest du vielleicht deinen ersten Eindrücken nach arrogant, aufdringlich, dominant, garstig, ignorant oder sogar rücksichtslos.

Andere Menschen wiederum findest du vielleicht auch manches Mal direkt auf Anhieb zuvorkommend oder auch attraktiv. Ihr befindet euch also auf einem gemeinsamen Nenner und ihr könnt euch „gut riechen". Diese Menschen bewegen dich, sie motivieren dich oder du verehrst sie auf irgendeine Art und Weise. In einige von ihnen wirst du dich sogar verlieben oder du hast dich bereits (mehrmals) verliebt.

Erste Eindrücke basieren auf den verschiedensten Merkmalen: Kultur, Alter, Sprache, Geschlecht, Aussehen, Körperhaltung, Akzent, Stimme, die Anzahl der anwesenden Personen und die zur Verarbeitung verfügbare Zeit. Der Umgang mit einem Menschen in vielen Bereichen des Alltags kann stark von dem ihm zugewiesenen ersten Eindruck beeinflusst werden.

Über einen Menschen urteilen solltest du allerdings erst, nachdem du diesen genauer kennengelernt hast. Auch dies gehört zu einem achtsamen Leben dazu.

Achte also in Zukunft gezielt darauf, wie du andere Personen wahrnimmst, und vor allen Dingen darauf, dir nicht voreilig ein Urteil über sie zu bilden. Oft ist es der Fall, dass ein bestimmtes Bild von verschiedensten Personen im Kopf beibehalten wird, weil man sich im Grunde genommen gar nicht tiefgründiger mit diesem Menschen beschäftigen will, das einfach das nötige Interesse fehlt, obwohl der Mensch ein ganz anderer ist als der, den du innerhalb der ersten wenigen Sekunden in eine bestimmte Schublade gesteckt hast. Die Beziehung, wie diese auch aussehen mag, verläuft also oberflächig, weil man so viel Wichtigeres im Kopf und ohnehin keine Zeit dazu hat, den Menschen aus einer anderen Perspektive zu betrachten.

Beschäftigst du dich tiefgründiger mit einer bestimmten Person, kann es vielleicht sogar sein, dass eine Person, der du früher keines Blickes gewürdigt hast, eine gute Freundin wird oder sich als Seelen-verwandter herausstellt, den du in deinem Leben nun nicht mehr missen willst.

Diese Verhaltensweise oder, besser gesagt, diese Herangehensweise bezieht sich selbstverständ-lich nicht nur auf fremde Personen, sondern auf alle Menschen, mit denen du im Laufe deines Lebens in Kontakt gerätst. Habe eine aufgeschlossene Art anderen Menschen gegenüber und handle stets menschlich, was bedeutet, dass du jedem Menschen eine gewisse Wertschätzung entgegenbringst. Das Entgegenbringen von Wertschätzung, Respekt und Akzeptanz ist nicht nur unendlich menschlich, son-dern zeigt auch, dass du einen starken Charakter besitzt und du aufrichtig auf andere Menschen zu-gehen kannst.

## WELCHEN STANDPUNKT NEHME ICH IHNEN GEGENÜBER EIN?

Der Mensch ist ein soziales Lebewesen. Um sich gesund entwickeln zu können, ist der Mensch von Geburt an auf andere Menschen angewiesen. Im Babyalter sind es die engsten Verwandten, die uns als engste Vertraute zur Seite stehen und sich um uns kümmern. Später kommen weitere Verwandte, Bekannte, Freunde, Arbeitskollegen und auch Nachbarn hinzu, die unser soziales Umfeld ausmachen.

Mit der Erziehung der engsten Vertrauten wachsen unser Wesen und unsere Einstellung gegenüber Dingen, Verhaltensweisen und anderen Menschen. Erst einmal übernehmen Kinder die Verhaltensweisen ihrer Eltern oder anderer Erziehungsberechtigter, denn alles, was diese während der ersten Lebensphase eines Kindes tun und äußern, ist für das Kind erst einmal richtig und wird nicht infrage gestellt. Sie übernehmen also die Einstellungen, d. h., die Standpunkte und die Handlungsweisen, ihrer engsten Vertrauten.

Kinder werden in den ersten sieben bis zehn Lebensjahren durch ihre Eltern geprägt. Es handelt sich hierbei um die Prägungsphase eines Kindes, die für die spätere Entwicklung besonders wichtig ist. Erst in den darauffolgenden Lebensjahren fängt ein Mensch an, eine eigene Meinung bzw. Einstellung zu Dingen, Verhaltensweisen, Regeln oder anderen Menschen gegenüber zu entwickeln und „das Erlernte" evtl. doch infrage zu stellen. Dies ist rich-

tig und wichtig, um sich eine eigene Meinung an-
eignen zu können.

Jeder Mensch hat seine eigene Vergangenheit
hinter sich, die ihn geprägt hat. Diese Vergangenheit, ob selbst erlebt oder vermittelt bekommen,
löst Vorurteile gegenüber anderen Menschen in uns
aus, das sogenannte „in Schubladen stecken".

Dennoch sollten wir jedem Menschen, der uns
während unseres Lebens begegnet, eine Chance
geben, da jeder Mensch einzigartig ist.

Offenheit und Menschlichkeit kosten uns nichts
und sollten daher jeden Tag aufs Neue angewendet
werden. Dies gelingt dir, indem du immer respektvoll mit anderen Menschen umgehst. Verurteile sie
nicht und erwarte auch nichts von ihnen oder immerhin nicht allzu viel, akzeptiere die Meinungen
anderer Menschen und vergebe ihnen. Mit diesen
Tipps wird dir ein positiver Umgang mit anderen
Menschen gut gelingen und dort, wo Herzlichkeit
ausgestrahlt wird, kommt Herzlichkeit auch zurück.

## IN WELCHER BEZIEHUNG STEHEN ICH ZUM ANDEREN?

Ein Beziehungsverhältnis wird in verschiedene Arten bzw. Begrifflichkeiten gegliedert. An der Bezeichnung einer Beziehung ist ganz sachlich zu erkennen, um welche Art der Beziehung es sich handelt bzw. welche Verbundenheit zwischen Menschen besteht. Wenn wir von einer Geschäftsbeziehung sprechen, ist ganz klar, dass in die Beziehung keine tiefen Emotionen einfließen. Ganz anders ist es selbstverständlich bei einer Liebesbeziehung oder einer Beziehung zwischen Mutter und Kind. Diese Beziehungen stecken voller Emotionen und beeinflussen und bereichern unser Leben zutiefst.

Wenn wir also Kontakt zu anderen Menschen haben, etwas für diese tun, uns ihre Sorgen anhören oder mit ihnen unsere Zeit verbringen, sollten wir immer daran denken, in welcher Beziehung wir zu ihnen stehen.

Eine gesunde Beziehung sollte immer, damit beide Beziehungspartner (und dies betrifft nicht nur Liebesbeziehungen) zufrieden sind, aus Geben und Nehmen bestehen. Solange wir uns bei ggf. einer Entscheidung, die aufgrund einer Beziehung, d.h.

aufgrund des sozialen Kontakts, mit einem anderen Menschen getroffen wird, bewusst machen, in welcher Beziehung wir zu der Person stehen, fallen uns diese Entscheidungen manchmal leichter.

Auch Rückschläge, weil du ggf. verletzt wurdest oder deine Erwartungen nicht erfüllt wurden, nimmst du dir so manches Mal weniger zu Herzen, sobald du feststellst, dass dir die betreffende Person gar nicht so nahe steht.

Betrachtest du alle Arten von Beziehungen in deinem Leben, so stellst du fest, dass du diese in verschiedene Kategorien einteilen kannst und du dir anhand dieser Kategorien selbst vor Augen führen kannst, welche Menschen einen hohen Stellenwert in deinem Leben einnehmen und welche Menschen dich eher flüchtig begleiten. Dies ist ein ganz normaler Prozess im Leben eines Menschen und bedeutet einfach, dass wir engere und weiter entfernte Beziehungen führen.

Dies kann dir in allen Lebenssituationen behilflich sein, denn du weißt, auf wen es wirklich ankommt und auf wen du zählen kannst, wenn du dich fallen lassen willst. Ebenso weißt du auch, welche Meinungen dir etwas bedeuten und wer es wirklich gut mit dir meint. Schätze diesen wichtigen Kreis von Personen in deinem Leben und akzeptiere, dass du dich mit einigen Menschen besser und mit anderen Menschen wiederum weniger gut verstehst.

# Kapitel 3

## ACHTSAMKEITSTRAINING 1 – ESSEN UND TRINKEN MÜSSEN WIR DOCH SOWIESO

Warum die Nahrungsaufnahme dann nicht gleich als Achtsamkeitsübung nutzen?

Hier bietet es sich doch förmlich an, die Achtsamkeit zu trainieren. Na, dann komm. Hier erfährst du, wie es funktioniert.

Die Achtsamkeitsübung bei der Nahrungsaufnahme wird deine künftigen Essgewohnheiten deutlich verändern. Nicht mehr länger wirst du Essen und Trinken lediglich als Pflichtbestandteil ansehen, bloß, damit dein Hunger- und dein Durstgefühl gesättigt werden oder weil es eben einfach zum Überleben notwendig ist. NEIN. Du wirst mit dieser Achtsamkeitsübung dahin gelangen, dass du den Genuss deiner Mahlzeiten intensiv wahrnimmst. Du wirst bemerken, dass ein Schluck Wasser oder Kaffee noch ganz andere Dinge in dir auslöst, als nur deinen Durst zu stillen. Du wirst bewusst wahrnehmen, wie das jeweilige Getränk schmeckt, ob es kühl oder lauwarm ist, wie sich deine zuvor trockene Kehle nach einem kräftigen Schluck anfühlt, wie sich deine Zunge anfühlt, schmecken, ob das Getränk süßlich oder säuerlich ist oder wie das Getränk riecht.

Beginnen kannst du mit deiner Achtsamkeitsübung bei der Vorspeise, bei Getränken oder kleineren Nachspeisen, da die aufmerksame Wahrnehmung erst einmal trainiert werden muss, bevor man die Achtsamkeit voll und ganz in sein Leben integrieren kann.

Viel Spaß dabei und denke daran: Essen ist ein Bedürfnis, Genießen ist eine Kunst.

# DANKBARKEIT LÄSST SICH TRAINIEREN

Dankbarkeit und Achtsamkeit machen glücklich, denn: Wer dankbar ist, beklagt sich nicht, sondern schätzt die glücklichen Momente (s)eines Lebens.

Dankbarkeit ist wichtig, denn sie beeinflusst das ganze Leben positiv. Dankbarkeit unterstützt zudem die Gesundheit und stärkt die Liebe.

Erst einmal solltest du, sofern du Sorgen in deinem Leben hast, deine Probleme in zwei Kategorien einteilen. In unserer heutigen Gesellschaft gibt es zwei Arten davon: Luxusprobleme und wirkliche Probleme, die das Leben beeinflussen oder sogar bedrohlich sind.

Die Grundbedürfnisse eines jeden Menschen sind Folgende:

Zum Überleben benötigt jeder Mensch die Luft zum Atmen, außerdem sauberes Trinkwasser, gesunde Nahrung und erholsamen Schlaf. Diese Grundbedürfnisse sind biologische Grundbedürfnisse, ohne die das Überleben eines Menschen nicht möglich wäre. Es handelt sich also um Existenzbedürfnisse. Hinzu kommen weitere Bedürfnisse, wie das Bedürfnis nach Sicherheit. Das Bedürfnis nach

Sicherheit beinhaltet das Bedürfnis nach Gesundheit und das Bedürfnis, diese Gesundheit, so lange wie möglich, aufrechtzuerhalten. Zu dem Bereich des menschlichen Bedürfnisses nach Sicherheit gehört ebenso das Bedürfnis nach einem geschützten Raum bzw. einem Dach über dem Kopf.

Ein Mensch benötigt rein für das Überleben also nur die nötigsten Voraussetzungen.

Solltest du also erkrankt sein, keine Unterkunft haben oder sollte es dir an gesunder Nahrung beispielsweise aus finanziellen Gründen fehlen, so trägst du wirklich eine große Last auf deinen Schultern. Hier greift die Kategorie „wirkliche Probleme".

Andere Probleme, die dich während deines Alltags begleiten, sind zwar auch Probleme, die du hast und die dich belasten, allerdings solltest du deine Aufmerksamkeit lieber den Dingen widmen, die du hast, über die du froh bist und an denen du dich erfreuen kannst, und nicht vermehrt den Dingen, die dich herunterziehen. Zu den Luxusproblemen gehören beispielsweise Entscheidungen, die getroffen werden müssen. Und bei genauerer Betrachtung fällt dir auch relativ schnell auf, dass diese nicht wirklich ein Problem darstellen.

*Vom Mond aus betrachtet, spielt das Ganze gar keine so große Rolle.*

Lernen sollst du dadurch, dass sich deine Sorgen um manche Probleme einfach nicht immer lohnen. Dein ständiges Grübeln darüber beschert dir lediglich schlechte Laune, Krankheit oder Stress. Manche Probleme lösen sich glücklicherweise von selbst in Luft auf, auch ohne, dass du dich permanent mit ihnen beschäftigst. Beende auch dein Wenn-Dann-Gedankenkarussell (*Beispiel:* Wenn ich mehr Geld hätte, dann wäre ich glücklich) und lebe jeden einzelnen Moment bewusst.

Es ist keineswegs falsch, ambitioniert zu sein und Ziele zu haben. Sei jedoch dankbar für das, was du aktuell schon hast. Wenn du deinen Fokus darauf richtest, wirst du in Zukunft immer mehr finden, wofür du dankbar sein kannst und weshalb du schon jetzt zufrieden sein solltest.

Erfreue dich an den kleinen Wundern, die das Leben bereithält. Erfreue dich an den Menschen, die dein Leben lebenswert machen. Drehe gute Musik, die dir gefällt, doch einfach einmal lauter und lasse den Text und die Melodie auf dich wirken. Erfreue dich, dass Wasser aus der Leitung deines Wohnhauses oder deiner Wohnung fließt. Sei dankbar dafür, dass du in einem Land lebst, in welchem Freiheit, Bildung und Kultur großgeschrieben werden.

Mit großer Wahrscheinlichkeit werden dir schnell weitere Dinge einfallen, für die du dankbar sein kannst. Mögen die Dinge dir auch noch so banal vorkommen, denke immer daran, dass es sich um deine eigene Sichtweise handelt und du entscheidest, was dir wichtig ist und für was du dankbar bist.

Vielleicht bist du dankbar dafür, dass du ein Dach über dem Kopf hast und dass du gesund zur Welt gekommen und du bisher auch glücklicherweise gesund geblieben bist. Vielleicht bist du dankbar dafür, dass du eine tolle Familie hast, auf die du dich immer verlassen kannst. Vielleicht bist du dankbar dafür, dass du einen sicheren Arbeitsplatz hast, der dich zumindest finanziell absichert. Dankbarkeit kannst du auch verspüren, wenn du an deinen Freundes- oder Bekanntenkreis denkst, mit dem du ab und an die eine oder andere nette Stunde verbringst. Vielleicht bist du auch dankbar für deine hilfsbereite Nachbarschaft oder für die Tatsa-

che, dass du einen kleinen Balkon oder Garten besitzt, auf dem du im Sommer die Sonne genießen
kannst.

Was es auch sein mag – sei dankbar dafür. Es
kostet nichts, dankbar zu sein, doch es kann einfach
alles verändern. Du wirst es feststellen und dein
bisheriges und dein zukünftiges Leben (wieder)
mehr wertschätzen.

Es gibt immer Gründe, dankbar zu sein – finde
sie (du wirst diese schneller finden, als du denkst!)

# Kapitel 4

## ACHTSAMKEITSTRAINING 2 – DAS BISSCHEN HAUSHALT...

Um eine weitere Achtsamkeitsübung durchzuführen, benötigst du keinen bequemen Rattanstuhl oder farbenfrohe Duftkerzen. Nein, denn die folgende Achtsamkeitsübung kannst du ganz bequem von zu Hause aus durchführen. Ein weiterer Vorteil: Sogar deinen Haushalt kannst du nebenbei erledigen.

Achtsamkeit kann demnach auch in die gewöhnlichen Verrichtungen des Alltags integriert werden. Beinahe lassen sich nämlich alle Verrichtungen, die im Haushalt bzw. im Alltag erledigt werden müssen, auch achtsam durchführen. Nachdem du wach geworden bist, kannst du erst einmal in dich hineinfühlen, anstatt gleich aus dem Bett zu springen, um in dein Badezimmer zu hetzen, damit du pünktlich an deinem Arbeitsplatz ankommst.

Auch das Zähneputzen sowie das Duschen kannst du achtsam vornehmen. Jede Situation solltest du ganz bewusst wahrnehmen, den Autopiloten stellst du dabei einfach ab. Viele Handgriffe geschehen bei routinierten Aufgaben fast von selbst, ohne dass wir uns großartig Gedanken darüber machen. Unterbrich die Routine und nehme ganz bewusst wahr, was du da überhaupt tust, wieso du es tust und wie du die entsprechende Tätigkeit verrichtest.

Mit den routinierten Handgriffen ist es übrigens ähnlich wie beim Autofahren. Stets fahren wir ein und dieselbe Strecke. Die Route ist uns längst bekannt, sodass wir vieles auf unseren immer wiederkehrenden Wegen schon gar nicht mehr richtig wahrnehmen. Dies kann gerade im Straßenverkehr oder in einem riskanten Berufsleben gefährlich werden. Auch deshalb gilt: Tue alles, was du tust, aufmerksam. Dazu gehören alle für uns noch so normalen Dinge wie achtsames Schreiben, achtsames Gehen, achtsames Türenöffnen, achtsames Lesen, achtsames Hören, achtsames Essen, achtsames Trinken, achtsames Atmen, achtsames Hinsetzen...

Fange klein an, indem du dir beispielsweise erst einmal nur vornimmst, dein E-Mail-Postfach in Zukunft aufmerksam zu prüfen und deine Antwortmails mit Bedacht und voller Aufmerksamkeit zu verfassen. Andernfalls kannst du dir auch vornehmen, dein Mittagessen in Zukunft achtsam vorzubereiten und es anschließend in Ruhe zu genießen.

## WIE DU TRAINIEREN KANNST, „NEIN" ZU SAGEN

Die Angst davor, egoistisch herüberzukommen, lässt einige Menschen oft „Ja" sagen, obwohl sie lieber „Nein" sagen würden. Sicherlich geht es dir öfter, als du es willst, genauso.

Dein schlechtes Gewissen ist einfach zu groß, wenn du Menschen „ablehnst, indem du ihnen mit „Nein" antwortest. Ebenfalls hast du große Angst vor Konflikten, die dadurch entstehen könnten...
Wie du lernen kannst, „Nein" zu sagen, erfährst du in diesem Abschnitt. So schwer, wie du denkst, ist es gar nicht. Die ersten Versuche werden dir

schwer erscheinen, allerdings lässt sich dies trainieren und irgendwann wird es keine Hürde mehr
für dich sein. Schnell bemerkst du, dass es dir guttun wird und dass sich dein Umfeld mittlerweile
daran gewöhnt hat, dass du Anfragen auch ablehnst.

Zuvor solltest du dir bewusst darüber sein, was
deine Angst vor dem „Nein sagen" ausmacht.

Mit Sicherheit gehen dir die folgenden Gedanken
durch den Kopf:
- Der Mensch wird mich in Zukunft ablehnen
- Ich bin schuld, wenn der Mensch durch meine
Antwort enttäuscht oder verletzt ist
- Ich bin herzlos und egoistisch
- Durch meine Antwort verliere ich den Menschen
vielleicht sogar
- Wenn ich verneine, dann erhalte ich in Zukunft
auch keine Hilfe mehr

Da du diese Dinge unbedingt vermeiden möchtest,
antwortest du mit „Ja". Und schwupps – hast du
zwar die Wünsche anderer Menschen erfüllt, aber
dich selbst ganz und gar nicht zufriedengestellt,

was folgende Gedankengänge in dir auslöst:

- Du ärgerst dich über dich selbst, weil du wieder einmal nicht „Nein" gesagt hast
- Du machst dir Vorwürfe, weil du feige bist und immer an die Bedürfnisse anderer denkst
- Du ärgerst dich darüber, dass wieder jemand deine Gutmütigkeit ausnutzt

Was gewinnst du dadurch, wenn du „Ja" anstelle von „Nein" sagst?

- Du giltst als hilfsbereit
- Du kannst dich selbst als guten Menschen betrachten
- Du gehst Konflikten aus dem Weg
- Du vermeidest Schuldgefühle
- Du wirst eher gemocht

Natürlich kannst du auch weiterhin „Ja" sagen, aber bedenke bitte vorher, ob dir wirklich danach ist. Missachte dabei deine eigenen Bedürfnisse nicht ständig. Wie dir das gelingt?

- Stärke dein Selbstwertgefühl
- Nehme eine selbstbewusste Körperhaltung ein
- Antworte nicht sofort, sondern bitte um Bedenk-

zeit

- Begründe dein „Nein", dann fällt es dir erst einmal leichter
- Sage deutlich „Nein" und benutze keine Ausreden

Sei dir darüber bewusst, dass Menschen dich auch schätzen, wenn du verneinst, und dass diese es respektieren sollten und stolz auf dich sein müssten, dass du dich durchsetzt und du deine eigenen Interessen und deine Bedürfnisse ernst nimmst.

Nun versuche es selbst. Es wird dir gelingen! Achte darauf, dass du vor jeder Antwort bewusst in dich hineinhorchst. Bemerkst du, dass du dich mit dem „JA" wohlfühlst, so gebe auch dies zur Antwort. Sobald du aber feststellst, dass du das „JA" lediglich äußerst, um anderen Menschen einen Gefallen zu tun, so verneine die Anfrage oder bitte vorerst um Bedenkzeit. Nach und nach wird diese gesunde Verhaltensform in deinen Alltag übergehen, sodass du früher oder später nur noch bewusst antwortest und du nach deinen Wünschen handelst. Wie schön frei du dich dadurch fühlst – ein ganz neues Lebensgefühl kann dadurch entstehen, da du selbstbestimmt in dein eigenes Leben findest.

# WIE DU DICH VON ANDEREN MENSCHEN GESUND ABGRENZEN KANNST

Um anderen Menschen zu gefallen und in deren „Muster" zu passen, verbiegen sich Menschen mit einem geringen Selbstwertgefühl leider viel zu oft. Sie passen sich anderen Personen an, um einer Gruppe anzugehören oder eher gemocht zu werden. Das ist nicht nötig, denn wer dich wirklich schätzt, der liebt und nimmt dich so an, wie du bist.

Habe keine Angst vor Ausgrenzungen. Auch wenn in deinem Leben nicht alles nach Plan verläuft, hast du einige Menschen in deinem Leben, die immer hinter dir stehen werden. Gute Freunde erkennst du leichter, wenn das Leben schwerer wird.

Die Abgrenzung von anderen bedeutet nicht immer, dass man ein Einzelgänger oder nicht sozialfähig ist. Im Gegenteil: Die Abgrenzung von anderen Personen ist auch gesund. Du sollst dich abgrenzen, obwohl du

- anderen Menschen gern hilfst und gerne für sie da bist?
- Freude daran hast, wenn es anderen Menschen gut geht und du etwas dazu beitragen konntest?

- Schwierigkeiten damit hast, „Nein" zu sagen, und du anderen Menschen nur schlecht etwas ausschlagen kannst?

- anderen Menschen nicht vor den Kopf stoßen, sie nicht verletzen oder egoistisch sein möchtest?

**Ja, denn...**

...mit Sicherheit stellst du häufig fest, dass du oft Dinge machst, zu denen du eigentlich gar keine große Lust hast oder dir einfach die nötige Zeit dazu fehlt. Dennoch ist es scheinbar deine Pflicht, anderen Menschen zu helfen und für sie da zu sein. Wichtig ist es aber, dass du aus diesem Verantwortungsgefühl herauskommst, damit du vor lauter Aufopferung für andere nicht selbst leidest.

Nehme dir den Rat, dass du auch Rücksicht auf dich selbst nehmen solltest, gern zu Herzen.

<u>Bereite dem Verbiegen ein Ende, indem du</u>

✓ deine Grenzen erkennst

✓ deine Bedürfnisse an die erste Stelle setzt
✓ dir Zeit für dich selbst nimmst

✓ ehrlich dir selbst gegenüber bist

✓ „Nein" sagst

Akzeptiere und respektiere dich in erster Linie und somit auch deine Wünsche und Bedürfnisse, denn etwas Wertvolleres wirst du in deinem Leben kaum besitzen.

# Kapitel 5

## ACHTSAMKEITSTRAINING 3 – WER WARTET SCHON GERNE?

Einigen Menschen macht das Warten im Alltag überhaupt nichts aus. Andere Menschen wiederum sehen die Wartezeit als verlorene Zeit an. Diejenigen, die die Wartezeit positiv betrachten, nutzen die stille Zeit für sich, um einfach kurz zu entspannen, um ihre Gedanken zu sortieren oder um einfach einmal durchschnaufen zu können. Beinahe täglich gerätst du in eine der folgenden Situationen:

Du stehst an der roten Ampel.

Du stellst dich an die Kasse im Supermarkt an.

Du sitzt im Wartezimmer bei deinem Arzt oder du wartest auf das Essen im Restaurant.

Einigen Menschen ärgern sich in solchen Situationen über die vermeintlich verlorene Lebenszeit. Wartezeit aber sollte in Zukunft kein Stressauslöser, sondern – ganz im Gegenteil – als wertvolle Pause angesehen werden.

Die Wartezeit kann positiv gesehen und in den Alltag als Achtsamkeitsübung integriert werden.

Gern nutzen wir als Beispiel den Besuch bei deinem Hausarzt, in dessen Wartezimmer du erst einmal Platz nehmen musst.

Beim Eintreten in das Wartezimmer nimmst du weitere Patienten deines Arztes wahr und grüßt diese mit einem freundlichen „Hallo". Du bist achtsam, sodass du bemerkst, dass es sich um drei weibliche und um vier männliche Patienten handelt, mit deinen du eine Weile im Wartezimmer verbringen wirst. Du nimmst die Stimmung auf, die sich im Wartezimmer befindet, und suchst dir einen freien Sitzplatz. Mit deinem Gesäß sitzt du dazu bestenfalls so auf deinem Stuhl, dass du an deinem unteren Rücken die Stuhllehne spüren kannst. Deine Füße stehen sicher auf dem Boden und deine Arme legst du entspannt auf den Armlehnen des Stuhls ab.

Deine Körperhaltung sollte sich rundherum wohlig anfühlen. Du atmest tief in deinen Bauch hinein und deine Gedanken sollten sich auf deine Atmung konzentrieren. Bestenfalls atmest du durch die Nase ein und durch den Mund wieder aus. Du befindest dich also voll und ganz im Hier und Jetzt. Wenn du magst, so schließe auch deine Augen für einen Moment, um dich komplett entspannen zu können. Nutze diese Art von Wartezeit in Zukunft als Pause im hektischen Alltag.

Dieses Beispiel kannst du während einer Roten-Ampel-Phase gewiss nicht anwenden, da du jederzeit auf den Straßenverkehr achten musst. Auch hier ist es aber möglich, die Wartezeit effektiv für dich zu nutzen und die Achtsamkeit Teil deines Alltags werden zu lassen. Achtsamkeit bedeutet auch, aufmerksam zu sein. Während der Wartezeit an der Ampel könntest du deinen Blick auf die links von dir bepflanzte Grünanlage richten, die in allen Formen und Farben prächtig blüht. Erfreue dich an diesen kleinen Wundern und lasse deinen Blick einfach über die grüne Pracht schweifen.

# RESPEKT ALS GRUNDSTEIN FÜR JEDE BEZIEHUNG

Mit allen Menschen, mit denen wir engeren Kontakt haben, führen wir prinzipiell eine Art „Beziehung". Menschen, mit denen wir eine solche Beziehung führen, sind demnach nicht immer nur die eigenen Familienangehörigen, sondern auch Bekannte, Nachbarn, Freunde, der eigene Vorgesetzte oder Arbeitskollegen. Zu einigen Menschen führen wir im Laufe unseres Lebens eine engere Beziehung oder eine Liebesziehung, zu anderen Menschen wiederum führen wir weiter entfernte Beziehungen. Verbindungen zu jemandem können demnach auch politische, kulturelle, geschäftliche oder internationale Beziehungen sein.

Beziehungen, also der soziale Kontakt zu anderen Menschen, sind für uns Menschen eigentlich immer eine Bereicherung. Wir lernen von anderen Menschen, wir schätzen sie, wir schließen sie vielleicht in unser Herz und wir sammeln aus jeder Beziehung gute oder auch teilweise weniger gute Erfahrungen. Sei dir bewusst, dass dich auch die weniger guten Erfahrungen weiterbringen und du nie auslernst, ganz gleich, wie alt oder jung du sein magst. Der gegenseitige Respekt ist der Grundstein für jede Beziehung, die wir führen.

Oftmals verlieren wir diesen Grundstein leider aus den Augen. Gerade im privaten Bereich kann es dazu kommen, dass wir unsere Grenzen bei Streitigkeiten überschreiten und dadurch den gegenseitigen Respekt verlieren. Sind wir verletzt worden, so reagieren wir oft über und wollen Gleiches mit Gleichem vergelten. Auf ein Schimpfwort fällt ein weiteres Schimpfwort, wir verlieren den Respekt und schaukeln uns leicht gegenseitig hoch – bis es irgendwann nur noch schwer einen Ausweg aus der Diskussion gibt. Dies muss nicht sein und mithilfe der achtsamen Lebensweise ist dies auch vermeidbar. Eine respektvolle Kommunikation ist immer möglich. Zugegeben: Bei emotionalen Themen, die besprochen werden, kochen die Gefühle schnell über, aber auch hier wird es dir in Zukunft gelingen, sachlicher zu agieren.

Wenn dich etwas hochschaukeln lässt und dies dich wirklich „auf die Palme bringt", dann solltest du – bevor du eine Antwort gibst – im Kopf in Ruhe bis zehn zählen. Eins, zwei, drei, vier... Es funktioniert, versprochen!

So entschleunigst du nicht nur das Wortgefecht, sondern verschaffst dir auch mehrere Sekunden, um sachlich antworten zu können.

Da Streit auch in den besten Familien oder in der schönsten Liebesbeziehung vorkommt, ist es wichtig, sachlich streiten zu können. Streitigkeiten bzw. Differenzen sind leider nie ganz vermeidbar und manchmal auch wichtig, um die Fronten zu klären. Ein guter Streit reinigt Konflikte in Beziehungen wie ein Gewitter die Luft. Achte am besten immer darauf, dass du möglichst sachlich und stets respektvoll bleibst.

Im Internet oder in diversen Ratgebern kannst du dich näher mit dem Thema „Richtig streiten" beschäftigen, denn richtig streiten will gelernt sein.

Außerdem erhältst du hier sieben weitere Tipps für mehr Achtung in einer Beziehung:

✓ *Schenke Aufmerksamkeit und fordere diese ebenso ein*
Höre deinem Partner bei Gesprächen aufmerksam zu. Nebenbei einmal eben schnell etwas erledigen wirkt sehr unhöflich und zeugt nicht gerade von

Wertschätzung und Respekt. Auch du bist es wert, dass du die Aufmerksamkeit erhältst, die du benötigst. Achtet also auf das Gleichgewicht der Waagschale, indem ihr füreinander da seid. Eine Beziehung ist immer ein Geben und ein Nehmen.

✓ *Besprecht eure Alltagssorgen miteinander*
Sorgen sollten nicht unbeachtet bleiben. Aus diesem Grund ist es wichtig, Sorgen zu teilen. Geteiltes Leid ist halbes Leid. Besprecht daher eure Alltagssorgen, Probleme und Ängste miteinander. Dies muss nicht nur negativ ausgelegt werden. Im Gegenteil: Es kann euch auch enger zusammenschweißen.

✓ *Begegnet euch gegenseitig mit Empathie und Akzeptanz*
Eine tolle Gabe ist es, wenn man sich in sein Gegenüber hineinversetzen kann. Empathie beugt so manchen Streitigkeiten vor und schafft Akzeptanz. Solange man den gegenseitigen Respekt nicht verliert, sollte ein reibungsloser Umgang miteinander immer möglich sein. Also: Packe es an.

✓ *Haltet Verabredungen und Absprachen ein*

In Beziehungen sollte man sich blind auf den Partner verlassen können. Verabredungen und Absprachen sollten daher stets eingehalten werden. Ist dies einmal nicht möglich, so sollte dies offen kommuniziert werden. Oft helfen auch Kompromisse, die gemeinsam beschlossen werden können.

✓ *Seid ehrlich zueinander*

Lügen haben bekanntlich kurze Beine. Zur Wertschätzung gehört ebenso, dass man ehrlich zueinander ist. Die eigenen Bedürfnisse sollten nicht außer Acht gelassen werden, nur, um den Partner zufriedenzustellen. Sachlich sollte jeder seinen Standpunkt kommunizieren können, ohne dabei etwas verheimlichen zu müssen.

✓ *Gesteht euch gegenseitig ein eigenes Leben zu*

Auch in einer andauernden Beziehung ist es wichtig, dass beide Partner ihr eigenes Leben führen. Jeder Mensch benötigt Luft zum Atmen bzw. seinen eigenen Freiraum. Aus diesem Grund sollte man nicht nur aufeinanderhängen. Interessant bleibt es nur, wenn beide Partner selbstständig und mit beiden Beinen in ihren Leben stehen.

✓ *Verwechselt Sicherheit und Verbundenheit nicht mit Selbstverständlichkeit*
Jeder Tag ist ein Geschenk – und mit genau so einer Einstellung solltest du dir auch bewusst machen, dass Sicherheit und Verbundenheit in einer Beziehung keine Selbstverständlichkeit sind. Diese Verbundenheit wurde im Laufe der Zeit erarbeitet und ist für beide Partner ein wertvoller Rückhalt.

## WIE RESPEKTIERST DU DICH UND ANDERE PERSONEN?

Um dich selbst respektieren zu können, ist es wichtig, dass du deine Stärken und Schwächen kennst. Hebe deine Stärken hervor und baue sie (wenn du magst) auch weiter aus. Aber bedenke, dass auch deine Schwächen zu dir gehören und einfach ein Teil von dir sind. Jeder Mensch besitzt Stärken **und** Schwächen. Sage dir deshalb immer wieder, dass du gut so bist, wie du bist.

Erst, wenn du dies verinnerlicht hast, kannst du dich selbst respektieren und auch akzeptieren.
Sei ebenfalls ehrlich dir und anderen Menschen

gegenüber. Ebenfalls zeugt es von innerer Stärke, wenn du dir und anderen Menschen auch verzeihen kannst.

Fehler sind nun einmal menschlich und auch dazu da, um gemacht zu werden – solange du Fehler erkennst und diese in Zukunft vermeidest, befindet sich alles im menschlichen Rahmen und du kannst aus ihnen lernen und dich weiterentwickeln.

Jemandem oder dir selbst nicht verzeihen zu können, kann die Beziehung zu dir selbst, Freundschaften oder Liebesbeziehungen stark belasten. Selbst, wenn sich vertragen wurde, sitzt das eigentliche Problem meist noch sehr tief.

Vielleicht hilft es dir, dich in die Person hineinzuversetzen, die dich evtl. verletzt hat, blicke zudem immer nach vorne und gibt den Dingen Zeit.

Vergiss nicht, dass du genauso wie andere Menschen schon eine ganze Weile auf dieser Erde lebst und jeder Mensch eine Vergangenheit hinter sich hat, durch die er oder sie geprägt wurde.

Schon allein aus diesem Grund reagiert jeder Mensch anders auf bestimmte Verhaltensweisen, Gerüche, Geräusche und auf alles andere, was es sonst noch auf dieser Welt gibt. Gemeint ist damit eher, dass jeder Mensch in einer gewissen Art und Weise vorbelastet ist und es meist einen guten Grund dafür gibt, weshalb Menschen so handeln, wie sie handeln. Vergib ihnen und sei nicht nachtragend, damit ihr weiterhin harmonisch miteinander umgehen könnt.

Hast du an einem Menschen wirklich Interesse, so weise diesen vielleicht doch einmal auf seinen Irrtum hin und biete ihm deine Unterstützung oder Wege zur professionellen Unterstützung an.

Intelligenz ist die Fähigkeit, seine Umgebung zu akzeptieren.

*William Faulkner*

William Faulkner war ein US-amerikanischer Schriftsteller, der im Jahre 1950 den Nobelpreis für Literatur erhielt.

# SO FORDERST DU RESPEKT EIN

Respekt ist für einen menschlichen Umgang miteinander das oberste Gebot. Doch wie forderst du Respekt bei anderen Menschen ein?

An dieser Stelle wirst du mehr darüber erfahren und hilfreiche Tipps für einen guten Umgang mit deinen Mitmenschen erhalten.

### *Sei offen und ehrlich*

- Wichtig ist, dass du deinen Mitmenschen ehrlich und offen entgegentrittst. Kommuniziere mit ihnen. Es ist nicht nur ein einfaches Sprichwort, wenn es heißt, dass Kommunikation das A und O ist. Regelmäßig offen miteinander zu reden und positive sowie negative Dinge direkt zu thematisieren, das macht eine gute Beziehung aus.

### *Nenne Fakten*

- Entwickle eine eigene Meinung zu bestimmten Themen und stehe dazu. Setze dich in Ruhe mit verschiedenen Themen auseinander, um deine eigene Meinung ihnen gegenüber entstehen lassen zu können. Achte stets darauf, dass du deine Meinung ruhig und souverän äußerst. Es ist gesund, wenn du zu dir selbst stehst und dies auch nach außen hin vermittelst. So weiß dein Gesprächspartner immer, worum es dir geht, und er kann entsprechend reagieren.

### *Sei menschlich und verstelle dich nicht*

- Nur, wer mit sich selbst im Reinen ist und sich somit selbst akzeptiert, kann aus vollem Herzen einen anderen Menschen lieben bzw. akzeptieren und respektieren. Dies spiegelst du auch nach außen. Ein gespieltes Selbstbewusstsein fällt früher oder später auf und wirkt leider oberflächig. Sei du selbst und lerne dich selbst kennen und lieben.

### *Sei aufmerksam*

- Höre deinem Gesprächspartner aufmerksam zu und gehe auch auf seine oder ihre Belange ein. Eigene Fehler solltest du zugeben, denn sie gehören zum Leben nun einmal dazu und zeigen, dass wir Menschen eben keine Maschinen sind. Fehler machen kann ein Jeder, doch einen Fehler einzugestehen, dazu gehört Charakter.

## Achte auf dein Aussehen und deine Körpersprache (trage stets ein Lächeln auf deinen Lippen)

- Ebenso ist es für einen respektvollen Umgang miteinander wichtig, dass du ein gepflegtes Erscheinungsbild vorweist. Ein profanes Beispiel zu diesem Thema ist die angemessene Kleidung bei einem Vorstellungsgespräch. Um den Einladenden einen gewissen Respekt zu überbringen und auch, um dich gut darzustellen, greifst du vor diesem Termin wahrscheinlich zu den „besseren Kleidungsstücken" in deinem Kleiderschrank. Kleider machen Leute. Hole jeden Tag das Beste aus dir heraus. Achte aber immer darauf, dass du dich wohl in deiner Rolle fühlst und du dich nicht verkleidest.

### *Achte auf deine Körperhaltung*

- Auch wenn du nicht sprichst, sprichst du doch. Dies geschieht durch deine Mimik und deine Gestik sowie durch deine Körperhaltung. Eine abweisende Körperhaltung (verschränkte Arme) vermittelt deinem Gegenüber beispielsweise Desinteresse an seiner/ihrer Person. Zum anderen wird starke Unsicherheit vermittelt, sofern wir unseren Gesprächspartnern nicht in die Augen schauen. Halte deshalb während eines Gesprächs Blickkontakt mit deinem Gegenüber. Ab und zu kannst du deinen Blick auch auf die Nase deines Gesprächspartners richten. Blickkontakt zeugt von einem stabilen Selbstbewusstsein und steht für einen vertrauensvollen Umgang, der auf Augenhöhe stattfindet.

# Kapitel 6

## ACHTSAMKEIT UND IHRE AUSWIRKUNG IN UNTERSCHIEDLICHEN BEZIEHUNGEN AN BEISPIELEN DARGESTELLT

Achtsamkeit im Berufsleben

Vor allem im Berufsleben kommt es immer wieder vor, dass wir viele Dinge gleichzeitig machen (müssen) und wir davon mitunter gestresst sind. Evtl. bedienst du gerade einen Kunden, nebenbei nimmst du ein Telefonat entgegen und im Hintergrund erklingt der Benachrichtigungston der eingehenden E-Mails. In der Regel setzen wir uns auch im Berufsleben häufig selbst unter Druck. Lasse es daher auch im Arbeitsleben etwas ruhiger angehen bzw. führe deine Tätigkeiten mit Achtsamkeit aus, indem du dir auch hier Prioritäten setzt und erst die eine Tätigkeit zu Ende führst, bevor du mit einer anderen Tätigkeit beginnst. Zu alldem ist es ohnehin effizienter, wenn wir uns erst mit voller Aufmerksamkeit der einen Tätigkeit widmen, da so weniger Fehler zustande kommen, die im Nachhinein korrigiert werden müssen.

## Achtsamkeit bei Freundschaften

Der soziale Kontakt zu anderen Menschen ist ein Grundbedürfnis eines jeden Menschen. Gute Freundschaften sind wertvoll und sollten daher von dir gepflegt werden. Achte im Umgang mit deinen Freunden darauf, dass du ihnen stets respektvoll begegnest, ehrlich zu ihnen bist und ihnen die Zeit widmest, die ihr beide für eine gute Freundschaft benötigt. Ehrlichkeit währt am Längsten. Erst einmal fühlst du dich besser und erleichtert, wenn du die Wahrheit aussprechen kannst, und auch deine Freunde werden es schätzen, dass du ihnen gegenüber ehrlich bist. Hast du einmal keine Lust auf ein Treffen oder ein Telefonat mit deiner Freundin, so gehe offen damit um und schildere, wieso du in

diesem Moment einfach einmal Zeit für dich benötigst. Wahre Freunde werden es dir nicht (zumindest nicht allzu lang) übel nehmen, ganz sicher!

## Achtsamkeit im Familienleben

Jeder Mensch ist einzigartig. Du hast deine persönlichen Charaktereigenschaften und jeder andere
Mensch (obwohl dieser vielleicht sogar direkt mit
dir verwandt ist) wiederum ganz andere. Damit
dein Familienleben reibungslos vonstattengehen
kann, ist es auch hier wichtig, dass du andere Menschen bzw. ihre Eigenschaften und Verhaltens-
merkmale akzeptierst. Sofern du mir dir selbst im
Reinen bist, kannst du intensiver auf die Verhaltensweisen anderer eingehen und diese auch aus
verschiedenen Sichtweisen betrachten.

Dadurch wirst du auf jeden Fall gelassener.
Wichtig ist, dass du den für dich richtigen Umgang
mit verschiedenen, auch teilweise für dich belas-
tenden Situationen findest und damit umgehen
kannst. Wohingegen du vielleicht ein Mensch bist,
der sehr hilfsbereit, freundlich und zuvorkommend
ist, kann deine Schwester oder dein Bruder evtl. ein
Mensch sein, der eher egoistisch durch das Leben

geht und viel zu oft deine Unterstützung bzw. dein sanftes Gemüt in Anspruch nimmt. Verurteile deine Geschwister daher nicht, sondern arbeite an deiner Sicht- und Handlungsweise, um dich davor zu schützen, manches Mal mehr zu geben, als du momentan gerade kannst. Scheue dich nicht davor, sondern suche vielmehr das offene Gespräch. Gespräche können so manchen Knoten lösen und euch wieder enger zusammenführen.

## Achtsamkeit in Liebesbeziehungen

Insbesondere in einer Liebesbeziehung ist es beispielsweise wichtig, dass du dich nicht nur um deinen Partner, sondern auch um dich selbst kümmerst. Natürlich kannst du deinen Partner nach wie vor sehr interessant finden und gern mit ihm oder ihr zusammen sein. Doch trotz dessen solltest du dich und deine Wünsche und Bedürfnisse nicht aus den Augen lassen und deinem Partner alles recht machen wollen, auch wenn du ihn oder sie von ganzem Herzen liebst.

Euch beiden wird es nämlich sehr guttun, wenn jeder von euch auch an sich selbst denkt. Diese Verhaltensweise schadet einer Beziehung nicht.

Eine Beziehung wird dadurch eher gestärkt und vertieft, wenn beide Partner mit beiden Beinen im Leben stehen und auch ohne den jeweils anderen eine angenehme Zeit verbringen können. Eine herzliche Begrüßung nach einer Trennung zeigt, wie gern ihr eure Zeit miteinander verbringt und wie innig eure Liebe füreinander ist. Hach, wie schön.

# Schlussfolgerung

## FERTIG – UND JETZT SCHNELL...

**A**ber, aber... – dass du Dinge einmal eben schnell ausführst, damit du sie von deiner To-Do-Liste streichen kannst, wird ab sofort nur noch sehr selten der Fall sein bzw. zum großen Teil der Vergangenheit angehören. Du kannst also ganz gelassen zurück in deinen Alltag kehren und dir Zeit geben, die erlesenen Dinge zu verinnerlichen.

In Zukunft wirst du hoffentlich einen Gang zurückschalten, nachdem du diesen Ratgeber gelesen und die dir zur Verfügung gestellten Tipps verinnerlicht hast. Du weißt nun, dass du dir selbst vertrauen kannst und dass du auf dich achten solltest, damit du eine positive, gesunde und ausgeglichene

Ausstrahlung vermittelst, die tief aus deinem Innern kommt. Dir wurden mithilfe dieses Ratgebers verschiedene Tipps und Hilfestellungen an die Hand gegeben, die du in den kommenden Tagen verinnerlichen und mit hoher Wahrscheinlichkeit auch anwenden wirst. Denke immer daran: Es ist noch kein Meister vom Himmel gefallen. Die achtsame Lebensweise wird nach und nach ein wichtiger Bestandteil deines zukünftigen ausgeglichenen Lebensstils werden. Vertraue darauf.

Zu Beginn dieses Buches wurdest du darauf hingewiesen, dass Achtsamkeit unter anderem auch Genauigkeit, Gründlichkeit, Interesse, Konzentration, Sorgfalt, Umsicht und Wachsamkeit bedeutet. Und genauso wirst du dein Leben in Zukunft verbringen – du wirst achtsamer, gründlicher und sorgfältiger mit dir, deinen Mitmenschen, deiner Zeit und deinen Bedürfnissen umgehen. Setze dich dabei nicht unter Druck – es wird dir leichter fallen, wenn du aus voller Überzeugung handelst und du dabei nicht unter eigenem Druck stehst.

## Genauigkeit & Sorgfalt

Wenn du dich für eine Sache bzw. eine Aktivität entscheidest, so solltest du dich in Bezug auf die achtsame Lebensweise auch gezielt damit beschäftigen und dich nicht großartig ablenken lassen. Dies kann beispielsweise der Fall sein, wenn du ein Buch liest. Sauge den Inhalt des Buches regelrecht auf und lese bewusst und genau Zeile für Zeile. Nur so befindest du dich voll und ganz im Hier und Jetzt.

## Gründlichkeit

Dies betrifft beispielsweise deine Haushaltsführung. Wenn du die Dinge im Haushalt gründlich ausführst, dann sparst du erst einmal keine Zeit, da Gründlichkeit nun einmal einige Zeit in Anspruch nimmt. Wenn du die Dinge allerdings gründlich ausführst, benötigst du hinterher weniger Zeit, wenn du beispielsweise etwas suchst. Gründlichkeit ist hier gleichzusetzen mit Ordnung. Du schlägst also zwei Fliegen mit einer Klappe, indem du Ordnung hältst und zeitgleich kostbare Zeit (im Nachhinein) sparst.

## Interesse

Habe Interesse an neuen Dingen, nehme das Alltagsgeschehen wahr und interessiere dich auch für das, was um dich herum passiert. Dies kannst du auf die internationalen Nachrichten bzw. Berichterstattungen sowie auf deine Mitmenschen projizieren. Gehe also stets mit offenen Augen durch die Welt.

## Konzentration

Der Fehlerteufel, der sich einschleicht, wenn wir Dinge unkonzentriert ausführen, kostet uns für die Korrektur mehr Zeit und Kraft, als wir für die Aufgabe eigentlich aufwenden müssten. Führe all deine Tätigkeiten daher von Anfang an konzentriert durch, um dir lästige Korrekturen zu ersparen.

## Umsicht & Wachsamkeit

Einmal eben schnell hier etwas wegräumen, nebenbei telefonieren und das Portemonnaie suchen – viel zu viel auf einmal. Lebe daher etwas umsichtiger und achte stets auf deine Umgebung.

Verankere ebenfalls die folgenden Schlagwörter in deinem Herzen, wenn du in Zukunft gelassener und achtsamer durch dein Leben gehen möch-test: Lernen, Leben, Liebe, Zusammenhalt, Mitge-fühl, Freude, Bewegung, Miteinander, Gesundheit, Gleichstellung, Rücksichtnahme, Wärme, Hoffnung, Chancengleichheit und Verantwortung.

Sei mutig. Du kannst es. Schätze jeden noch so kleinen Schritt und lasse dich von Rückschlägen nicht umhauen. Alles benötigt seine Zeit – so auch deine Veränderung in Bezug auf die Achtsamkeit.

Nun lächle und freue dich, dass du diesen Rat-geber gelesen und so manchen Ratschlag für dich und vor allem in dein neues Leben mitnehmen kannst.

*Wenn du dein Leben so intensiv und vollständig leben möchtest, wie es geht, dann sei dort, wo dein Leben stattfindet: Im Hier und Jetzt!*

*Viel Freude dabei!*

Herstellung und Verlag:

BoD – Books on Demand, Norderstedt

ISBN: 9783753403663

© Hannelore Blumenberg 2020

1. Auflage

Kontakt: Psiana eCom UG/ Berumer Str. 44/ 26844 Jemgum

Covergestaltung: Fenna Larsson

Coverfoto: depositphotos.com